BEI GRIN MACHT SICH IHR WISSEN BEZAHLT

- Wir veröffentlichen Ihre Hausarbeit,
  Bachelor- und Masterarbeit

- Ihr eigenes eBook und Buch -
  weltweit in allen wichtigen Shops

- Verdienen Sie an jedem Verkauf

Jetzt bei www.GRIN.com hochladen und kostenlos publizieren

Trainingslehre. Zielsetzung, Makro- und Mesozyklus

Franziska Merath

Bibliografische Information der Deutschen Nationalbibliothek:

Die Deutsche Nationalbibliothek verzeichnet diese Publikation in der Deutschen Nationalbibliografie; detaillierte bibliografische Daten sind im Internet über http://dnb.d-nb.de abrufbar.

ISBN: 9783346878762
Dieses Buch ist auch als E-Book erhältlich.

© GRIN Publishing GmbH
Trappentreustraße 1
80339 München

Druck und Bindung: Books on Demand GmbH, Norderstedt Germany
Gedruckt auf säurefreiem Papier aus verantwortungsvollen Quellen

Das Buch bei GRIN: https://www.grin.com/document/1358681

Deutsche Hochschule für
Prävention und Gesundheitsmanagement
Hermann Neuberger Sportschule 3
66123 Saarbrücken

Einsendeaufgabe

Fachmodul: Trainingslehre 1

Studiengang: Bachelor of Arts Fitnessökonomie

Datum
Präsenzphase: 02.03.2020 – 05.03.2020

Name, Vorname: Merath, Franziska

Studienort: **Stuttgart**

Semester: **WS19**

Inhaltsverzeichnis

1 DIAGNOSE

1.1 Tabellarische Erfassung der wichtigsten Daten

Zu Beginn wird ein Eingangsgespräch mit der Testperson durchgeführt, um alle wichtigen biometrischen sowie allgemeinen Daten zu sammeln, um im Anschluss eine optimale kundenorientierte Trainingsplanung durchführen zu können. Hierbei gilt es den aktuellen Ist-Zustand des Kunden zu ermitteln um danach mit Hilfe der richtigen Trainingssteuerung den Soll-Zustand des Kunden anzustreben (Güllich & Krüger, 2013, S. 453).

1.1.1 Erfassung der allgemeinen Daten

Die Tabelle 1 zeigt die in der Anamnese aufgenommenen allgemeinen Daten zur Versuchsperson.

Tab. 1: allgemeine Personendaten (eigene Darstellung)

Alter	28 Jahre
Geschlecht	männlich
Körpergröße	182 cm
Körpergewicht	90 kg
Trainingsmotive	Gewichtsreduktion, Fit werden für den Alltag
Berufliche Tätigkeit	Bankkaufmann (40 Stunden/Woche, Schreibtischtätigkeit)
Aktuelle/frühere sportliche Aktivitäten	Aktuell: - Einmal die Woche 30 min lockeres Joggen Früher: - 5 Jahre lang Eishockey in Hobbymannschaft 2x die Woche 60 min Training (bis vor 2 Jahren) - Fahrrad fahren mit Arbeitskollegen im Sommer von 120 min mit leichten Steigungen (bis vor 1 Jahr)
Zeitlicher Verfügungsrahmen	2x pro Woche abends maximal 90 min

1.1.2 Erfassung der biometrischen Daten

In Tabelle 2 werden die biometrischen Personendaten des Probanden detailliert dargelegt.

Tab. 2: biometrische Personendaten (eigene Darstellung)

Blutdruck systolisch/diastolisch	129/82 mmHg
Ruhepuls	80 S/min
BMI	27,17 kg/m²
Orthopädische oder internistische Probleme	Keine in den letzten 10 Jahren
Einnahme von Medikamenten	Keine in den letzten 5 Jahren
Ärztl. Behandlungen	Keine in den letzten 5 Jahren
Sonstige gesundheitliche Auffälligkeiten	Leichte Verspannungen im Nacken, jedoch keine Notwendigkeit deshalb einen Arzt zu besuchen

1.1.3 Bewertung der Daten im Hinblick auf körperliche Belastbarkeit im Training

Am Anfang der Anamnese wurde der Blutdruck mit Hilfe eines elektronischen Blutdruckmessgeräts am rechten Oberarm gemessen. Aus dieser Messung resultiert ein systolischer Wert von 129 mmHg sowie ein diastolischer Wert von 82 mmHg. Diese Werte beschreiben einen Blutdruck im normalen Bereich (vgl. Tab.3). Der Ruhepuls liegt mit 80 Schlägen pro Minuten an der oberen Grenze des Normalbereichs (60-80 S/min) nach Güllich und Krüger (2013, S. 77). Je geringer der Ruhepuls innerhalb des Normbereichs ist, desto effizienter ist die Herzarbeit, was möglichst immer angestrebt werden sollte.

Des Weiteren sind auch die Daten der Belastbarkeit und Trainierbarkeit nicht ohne Belang. Betrachtet man beispielsweise den Body-Mass-Index (BMI = Körpergewicht in kg/Körpergröße²) der Person, so liegt diese laut World Health Organization (2000) (vgl. Tab.4) mit einem Wert von 27,17 kg/m² im Bereich des Übergewichts. Da die Versuchsperson früher ausschließlich Ausdauersport betrieben hat, lässt sich der hohe BMI nicht auf eine erhöhte Muskelmasse, sondern auf Fettmasse zurückführen. Deshalb ist auch die gewünschte Gewichtsreduktion der Person plausibel.

Ferner gibt es keine Einschränkungen hinsichtlich der Trainierbarkeit, da weder internistische, noch orthopädische Beschwerden vorliegen, keinerlei Medikamente eingenommen werden und der Kunde keiner ärztliche Behandlung unterliegt. Nur auf das subjektive Empfinden der Nackenbeschwerden sollte während des Trainings geachtet werden und bei eventueller Verschlechterung schnellstmöglich ein Arzt aufgesucht werden, um mögliche Schäden zu verhindern.

Tab. 3: Blutdruckklassifikation der American Heart Association (Mancia et al., 2013, S. 1286)

Bewertungsstufen	Systolischer Blutdruck	Diastolischer Blutdruck
Normblutdruck (Normotonie)		
Optimal	< 120 mmHg	< 80 mmHg
Normal	< 130 mmHg	< 85 mmHg
Hochnormal	130-139 mmHg	85-89 mmHg
Bluthochdruck (arterielle Hypertonie)		
Stufe 1	140-159 mmHg	90-99 mmHg
Stufe 2	160-179 mmHg	100-109 mmHg
Stufe 3	> 180 mmHg	> 110 mmHg

Tab. 4: Beurteilung des Body-Mass-Index für Erwachsene (World Health Organization, 2000)

Klasse	BMI (kg/m^2)
Untergewicht	< 18,5
Normalgewicht	18,5-24,9
Übergewicht	25,0-29,9
Adipositas Grad 1	30,0-34,9
Adipositas Grad 2	35,0-39,9
Adipositas Grad 3	> 40

1.2 Kraftmessung

Bei dem Probanden handelt es sich laut ILB um einen Krafttrainingsanfänger, jedoch hat die Eingewöhnungsphase schon stattgefunden. Die Phase ist wichtig, da ein motorisches Erlernen der Bewegungsabläufe stattfindet, diese gefestigt werden und eine Verfälschung der nachfolgenden Krafttests minimiert wird. Für diese Testperson empfiehlt sich bei der Krafttestung die Methode des Mehrwiederholungskrafttest (X-RM-Test), da sich der Trainer an der individuellen Leistungsbild- Methode (ILB-Methode) orientieren kann (Strack & Eifler, 2005, S. 153). Wichtig für eine exakte Kraftmessung ist es, dass die Versuchsperson wirklich nur x und keine x+1 Wiederholungen mit dem ausgewählten Gewicht technisch sauber ausführen kann. Diese Methode wurde hauptsächlich für den Gesundheits- und Fitnesssport entwickelt und ist laut Strack und Eifler (2005, S. 160) aufgrund seiner Praktikabilität für jede Leistungs- und Trainingsstufe geeignet. Der Hauptgedanke des Individuellen Leistungsbilds-Tests beruht darauf, dass maximal mögliche Gewicht für die vorgemerkte Wiederholungszahl herauszufinden. Anhand des herausgefundenen Gewichts kann daraufhin die Trainingsintensität berechnet und beim nächsten Trainingszyklus eingeplant werden (Strack und Eifler, 2005, S. 154).

1.2.1 Ablauf des Krafttests

Vor Beginn der Kraftmessung (und allen folgenden Trainingseinheiten) muss der Proband ein allgemeines und spezielles Aufwärmtraining absolvieren. Ein 10-minütiges Bewegen auf einem Crosstrainer würde dem allgemeinen Teil entsprechen, Gelenkmobilisationsübungen dem speziellen Teil. Nachfolgend wird der Krafttest des 1.Mesozyklus mit dem Ziel Kraftausdauer gestartet (Eifler, 2013, S. 111). Die Wiederholungszahl der Übungsausführungen wurde auf 20 Wiederholungen (Wdh.) à zwei Sätzen, Satzpause 60 Sekunden und Bewegungsgeschwindigkeit 2-0-2 festgelegt, das heißt der Proband durchläuft nun die im Mesozyklusplan festgelegten Krafttrainingsübungen und absolviert bei jeder Übung 2x 10 Wiederholungen und einer Pause von 60 Sekunden zwischen den Sätzen. Bei der vorgegebenen Bewegungsgeschwindigkeit liegt der Fokus auf, dem obersten Trainingsziel dieses Zyklus, der Kraftausdauer. Die Geschwindigkeitsvorgabe 2-0-2 bedeutet, dass der Proband zwei Sekunden eine exzentrische Bewegung ausführt, null Sekunden statisch hält und wieder zwei Sekunden eine konzentrische Bewegung leistet (Güllich & Krüger, 2013, 471-742). Der Trainer ist während dem gesamten Testverlauf bei der Versuchsperson und achtet auf korrekte Ausführung, sodass auch die 10.Wiederholung einer Übung immer noch technisch sauber ausgeführt wird. Darüber hinaus werden alle Gewichte und mögliche Fehlversuche genauestens dokumentiert (siehe Tab. 5).

1.2.2 Testergebnisse und dessen Bewertung

Durch den X-RM-Krafttest konnte sich der Proband direkt auf seinen folgenden Mesozyklus vorbereiten, da er in die Übungen und deren passende Gewichte schon herangeführt wurde. Ebenfalls positiv an diesem Krafttest ist, die Möglichkeit immer einen Re-Test durchzuführen und somit die Kraftsteigerung und weitere Fortschritte zu analysieren. Im weiteren Verlauf können anhand der dokumentierten Werte der Krafttestung (vgl. Tab. 5) Schlussfolgerungen gezogen werden (Strack & Eifler, 2005, S. 160). Durch die Krafttestergebnisse wird deutlich, dass die Versuchsperson einen sehr gut trainierten Unterkörper aufweist. Dies ist auf die frühere Aktivität im Eishockey und, dass regelmäßige Fahrrad fahren zurückzuführen. Der Oberkörper hingegen zeigt vor allem in der oberen Rücken- und der Brustmuskulatur Defizite auf, was die Nackenverspannungen des Probanden erklären kann. Hier muss ein Muskelaufbau angestrebt werden, da mehr Muskulatur in diesem Bereich die Wirbelsäule besser unterstützt und einen positiven Effekt auf die Nackenbeschwerden haben kann. Ebenfalls erwähnenswert ist die normal bis gut ausgeprägte Bauch- und Rumpfmuskulatur, die im weiteren Trainingsverlauf noch weiter gesteigert werden soll, um das menschliche Korsett, also eine aufrechte Haltung weiter zu gewährleisten Jedoch ist das Testergebnis aufgrund wechselnder Übungen und neuen Zielsetzungen nur für den ersten Mesozyklus gültig. Ein erneuter Test der Maximalkraft muss jeweils vor allen weiteren Mesozyklen erfolgen.

Tab. 5: Testergebnisse des X-RM-Tests (eigene Darstellung)

Testübung	Wdh.	1.Testsatz	2.Testsatz	3.Testsatz	Ergebnis
45° - Beinpresse	20	70 kg	80 kg	85 kg	85 kg
Kniebeuge Multipresse	20	50 kg	60 kg	65 kg	65 kg
Bankdrücken, liegend mit Langhantel	20	20 kg	25 kg	30 kg	30 kg
Butterfly am Gerät	20	20 kg	22,5 kg		22,5 kg
Rudern, aufrecht sitzend, am Gerät mit Brustpolster	20	25 kg	35 kg	30 kg	30 kg
Latzug, zur Brust mit breitem Griff	20	15 kg	10 kg	12,5 kg	12,5 kg
Schulterdrücken, sitzend mit Kurzhanteln	20	3 kg	5 kg		5 kg
Plank, auf einer Gymnastik-matte	Solange es geht	45 Sek.			45 Sek.

2 ZIELSETZUNGEN/ PROGNOSEN

Hier werden die Ziele des Probanden anhand der Anamnese und des Krafttests dokumentiert, bewertet und begründet.

2.1 Ziele der Testperson tabellarisch dargestellt

Tab. 6: Zielsetzungen (eigene Darstellung)

Inhalt	Ausmaß	Zeit
Gewichtsreduktion (auf Grundlage des BMI)	8 kg (-2,27 kg/m$^{2)}$	16 Wochen
Ruhepulssenkung	5 S/min	10 Wochen
Bewegung auf 150 min/Woche ausweiten	2mal die Woche Krafttraining (60 min) ergänzend zu den 30 min Joggen	Ab sofort; möglichst diesen Wert halten

2.2 Bewertung und Begründung der Zielsetzungen

In Tabelle 6 wurden sowohl biometrische, als auch (sport-)motorische Ziele formuliert, die gemeinsam von Trainer und Testperson ausgearbeitet wurden.

Der Hauptwunsch der Versuchsperson ist die Gewichtsreduktion. Da ein Muskelzuwachs durchaus mit einer positiven Gewichtszunahme zusammenhängt, wurde sich auf das Ziel der Senkung des BMI geeinigt. Die vorgemerkten 8 kg sind in 16 Wochen durchaus realisierbar, da ein Kunde je nach Voraussetzung und Motivation zwischen 200 g und 500 g Körperfett pro Woche verlieren kann (Jüngst, 2020, S. 220). Da die Testperson schon früher Sport getrieben hat, wird erwartet, dass er einen Körperfettverlust von 0,5 kg/Woche schafft. Nach dem Gewichtsverlust von 8 kg errechnet sich ein neuer BMI von 24,75 kg/m^2, was verglichen mit Tab.4, einem Normalgewicht entspricht.

Ein weiteres Ziel des Kunden war „Fit werden für den Alltag", was für den Trainer eine Ruhepulssenkung (Herzfrequenz senken, Schlagvolumen erhöhen) bedeutet. Dieser Mechanismus bewirkt eine Ökonomisierung der Herzarbeit, da sich die Füllungsphase des Herzens und gleichzeitig die Phase der Koronardurchblutung verlängert und das Herz besser versorgt werden kann. Durch das verbesserte Herz-Kreislauf-System wird sich der Sportler deutlich „fitter" fühlen (Güllich & Krüger, 2013, S. 178). Die insgesamt 80 Schläge/min sollen in 10 Wochen um 5 Schläge reduziert werden, was realisierbar ist, wenn man beachtet, dass sich der Ruhepuls um ca. einen halben Schlag pro Woche senken lässt.

Das letzte Ziel, welches ausgearbeitet wurde, ist: das Bewegungspensum der Testperson von 30 min/Woche auf 150 min/Woche zu steigern. Die World Health Organization, (2000) empfiehlt Erwachsenen im Alter von 18-64 Jahren, sich mindestens 150 Minuten pro Woche mit moderater Intensität zu bewegen und mindestens zweimal pro Woche ein Krafttraining zu absolvieren. Dies wurde ebenfalls durch eine Studie von Lear et al. (2017) belegt. Da der Kunde leichte Nackenverspannungen ausgesprochen hatte, kann das zusätzliche Training ein guter Ausgleich zu seiner sitzenden Berufstätigkeit sein und somit die auftretenden Verspannungen minimieren. Die konkrete Festlegung von Zielen, die sich realistisch umsetzen lassen und zeitlich nicht zu lang- oder zu kurzfristig angesetzt sind, motivieren den Kunden für sein Training. Wenn die Ziele im angesetzten Zeitraum umgesetzt wurden, das heißt es wurden Erfolge sichtbar, steigert dies die Motivation. Diese ist auch in Zukunft wichtig, um das Training kontinuierlich (mit immer neuen Zielen) mit Spaß und Erfolg fortzusetzen.

3 TRAININGSPLANUNG MAKROZYKLUS

Nachfolgend soll ein Makrozyklusplan, abgestimmt auf die im vorherigen Abschnitt gesetzten Ziele der Testperson, präsentiert und dessen Strukturen begründet werden.

3.1 Präsentation des Makrozyklusplans

Die Tabelle 7 zeigt den Makrozyklusplan der Versuchsperson für die nächsten 26 Wochen mit einer linearen Periodisierung.

Tab. 7: Makrozyklusplan (eigene Darstellung)

	Mesozyklus 1	Mesozyklus 2	Mesozyklus 3	Mesozyklus 4
Zyklusdauer	6 Wochen	8 Wochen	4 Wochen	8 Wochen
Trainingsziel/ -methode	Kraftausdauer- training (KA)	Hyperthropietrai- ning (HY)	Maximalkrafttrai- ning (MAX)	HY
Organisationsform	Ganzkörper, Stationstraining (ST)	Ganzkörper, ST	Ganzkörper, ST	Ganzkörper, ST
Häufigkeit/Woche	2	2	2	2
Übung/Muskel-gruppe	1-2	1-2	1-2	1-2
Sätze/Übung	2	2	2	2
Wiederholungen	20	10	5	8
Satzpausen	60 Sek.	90 Sek.	120 Sek.	90 Sek.
Intensität in % ILB	50-70 %	50-70 %	50-70 %	50-70 %
Bewegungstempo (ex- zentrisch/statisch/kon- zentrisch)	2/0/2	3/0/1	1/0/1	3/0/1

3.2 Begründung der gewählten Strukturen

Die Strukturen aus Tabelle 5 beziehen sich auf die ILB-Methode, in der die prozentualen Belastungsintensitäten unabhängig von der Trainingsmethode in jeder Leistungsstufe gleichbleibt. Die Testperson ist Trainings Beginner (vgl. Tab. 8 & Eifler, 2017, S. 76), somit ist eine Intensität von 50-70 % ILB vorgegeben. Dies zieht sich durch alle vier Mesozyklen hindurch, um eine Überlastung der passiven Strukturen (Knorpel, Knochen,

Bänder) in den ersten sechs Monaten zu vermeiden. Der Makrozyklusplan der Versuchsperson wurde auf 26 Wochen ausgelegt und in vier Mesozyklen unterteilt. Der erste Mesozyklus ist auf das Ziel der Kraftausdauer ausgelegt und wird unter dem Punkt 4 Trainingsplanung Mesozyklus näher beleuchtet. Dem Mesozyklus zwei und vier liegt das Ziel der Hypertrophie, also Muskelwachstum zugrunde. Diese Trainingsmethode wurde ausgewählt, da der Proband eine Gewichtsreduktion und eine Straffung des Gewebes wünscht. Diese Effekte erarbeiten wir beim Training von Hypertrophie. Der Mesozyklus drei hat als Hauptziel den Aufbau der Maximalkraft, womit vor allem die intramuskuläre Koordination, also die Aktivierung möglichst vieler motorischer Einheiten innerhalb eines Muskels, geschult wird. Durch ein Maximalkrafttraining wird also die Kraftfähigkeit gesteigert (und gleichzeitig Fettdepots verbrannt), was passend zu dem Wunsch der Testperson von mehr körperlicher Leistungsfähigkeit im Alltag ist (Kempf, 2014, S. 5). Der Wechsel der Trainingsmethoden wurde nach dem Prinzip der variierenden Trainingsbelastung ausgewählt, um optimale Ergebnisse durch neue Reize zu erzielen und die Motivation des Sportlers aufrecht zu erhalten (Zintl und Eisenhut, (2009, S. 16–27). Ebenso wurde für die einzelnen Mesozyklen die Zyklusdauer so gewählt, dass bei einer entstehenden Stagnation der Trainingserfolge (meist zwischen 4-6 Wochen bei KA und MAX, 6-8 Wochen bei HY) wieder eine neue Trainingsmethode folgt (Höltke, 2003, S. 60-61). Auch die Anzahl der Wiederholungen pro Übung sind an die jeweilige Krafttrainingsmethode angepasst (KA: 15-30 Wdh., HY: 8-15 Wdh., MAX: 5-8 Wdh.). Die Übungen pro Muskelguppe und die Anzahl der Sätze pro Übung wurde an Hand des Grobrasters zur Trainingsplanung nach ILB-Methode erstellt (vgl. Tab. 8). Die Häufigkeit der Trainingseinheiten hat der Proband auf zwei mal pro Woche aus persönlichen und zeittechnischen Gründe festgelegt. Wegen des vorgegebenen Zeitpesums der Testperson wurde als Organisationsform für alle Mesozyklen ein Ganzkörpertraining als Stationstraining ausgewählt. „Der Vorteil des Stationstrainings liegt in dem hohen Trainingseffekt für jede einzelne Muskelgruppe. Der Teilnehmer spürt die Erschöpfung deutlicher (Körperwahrnehmung) und kann Korrekturen gleich im nächsten Durchgang umsetzen", sagte Kempf (2014, S. 45). Die Stationen entsprechen den großen Muskelgruppen in der Reihenfolge: Beine, Brust und Rücken. Ergänzend können dann noch Übungen für Schulter, Bauch und Arme durchgeführt werden, wobei die großen Muskelgruppen für ein Ganzkörpertraining genügen. Die Satzpausen wurden nach Trainingsziel und Leistungsgrad des Sportlers ausgesucht. Demnach reichen bei 50-70 % Belastungsintensität je nach Trainingsmethode zwischen 45-120 Sekunden zur Wiederherstellung der Leistungsfähigkeit aus (Guellich & Schmidtbleicher, 1999,

S. 223-234). Eine Zusammenfassung der nötigsten Informationen ist Tabelle 8 zu entnehmen, wobei nochmals zu erwähnen ist, dass die Orientierungsphase in das Krafttraining von der Testperson schon absolviert wurde.

Tab. 8: Grobraster zu Trainingsplanung nach der ILB-Methode (Gießing, Fröhlich und Preuss, (2005, S. 153)

Leistungs-stufe	Zeitstufe (Monate)	Organisation-Form	Einheiten/ Woche	Übungen/ Muskel	Sätze/ Übung	Intensität In % ILB
Orientierungs-Stufe	0-1,5	GK	2	1-2	1-2	gering
Beginner	1,5-6	GK	2	1-2	1-2	50-70
Geübte	6-12	GK	2-3	1-2	1-2	60-80
Fortgeschrittene	>12	GK/ Split	3-4	1-3	2-3	70-90
Leistungstrainierende	>36	GK/ Split	3-6	1-4	2-4	80-100

4 TRAININGSPLANUNG MESOZYKLUS

Anschließend wird ein Mesozyklusplan des Probanden näher erläutert.

4.1 Darstellung des Mesozyklusplans

Tab. 9: Mesozyklusplan (eigene Darstellung)

Zyklusdauer	6 Wochen
Trainingsziel	Kraftausdauer
Organisationsform	Ganzkörper (Stationstraining)
Häufigkeit/Woche	2
Übung/Muskelgruppe	1-2
Sätze/Übung	2
Wiederholungen	20
Satzpausen	60 Sek.
Intensität in % ILB	50-70 %
Bewegungstempo	2/0/2 Sek.

Tabelle 9 legt die Details für den ersten Mesozyklus mit dem übergeordneten Ziel der Kraftausdauer dar.

4.2 Trainingsplanung

Tab. 10: Übungsaufstellung (eigene Darstellung)

Übung	Wdh.	Sätze	Satzpause	Intensität
45° - Beinpresse	20	2	60 Sek	50-70 % ILB
Kniebeuge Multipresse	20	2	60 Sek	50-70 % ILB
Bankdrücken, liegend mit Langhantel	20	2	60 Sek	50-70 % ILB
Butterfly am Gerät	20	2	60 Sek	50-70 % ILB
Rudern, aufrecht sitzend, am Gerät mit Brustpolster	20	2	60 Sek	50-70 % ILB
Latzug, zur Brust mit breitem Griff	20	2	60 Sek	50-70 % ILB
Schulterdrücken, sitzend mit Kurzhanteln	20	2	60 Sek	50-70 % ILB
Plank, auf einer Gymnastikmatte		2	60 Sek	50-70 % ILB

Tab. 11: Gewichteinstellung pro Übung pro Woche (eigene Darstellung)

Übung	ILB-Testergebnis	Gewicht Woche 1	Gewicht Woche 2	Gewicht Woche 3	Gewicht Woche 4	Gewicht Woche 5	Gewicht Woche 6
45° - Beinpresse	85 kg	42,5 kg	42,5 kg	46,75 kg	51 kg	55,25 kg	59,5 kg
Kniebeuge Multipresse	65 kg	32,5 kg	32,5 kg	35,75 kg	39 kg	42,25 kg	45,5 kg
Bankdrücken, flach liegend mit Langhantel	30 kg	15 kg	15 kg	16,5 kg	18 kg	19,5 kg	21 kg
Butterfly am Gerät	22,5 kg	11,25 kg	11,25 kg	12,375 kg	13,5 kg	14,625 kg	15,75 kg
Rudern, aufrecht sitzend, am Gerät mit Brustpolster	30 kg	15 kg	15 kg	16,5 kg	18 kg	19,5 kg	21 kg
Latzug, zur Brust mit breitem Griff	12,5 kg	6,25 kg	6,25 kg	6,875 kg	7,5 kg	8,125 kg	8,75 kg
Schulterdrücken, sitzend mit Kurzhanteln	5 kg	2,5 kg	2,5 kg	2,75 kg	3 kg	3,25 kg	3,5 kg
Plank, auf einer Gymnastikmatte	45 Sek.	22,5 Sek.	22,5 Sek.	24,75 Sek.	27 Sek.	29,25 Sek.	31,5 Sek.

Wie in Tabelle 11 zu sehen ist, steigert sich innerhalb des Mesozyklus von Woche zu Woche (Microzyklus zu Mikrozyklus) die Intensität von erstmaligen 50 % ILB bis hin zu 70 % ILB (Strack & Eifler, 2005, S. 153–160). Manche Gewichtsabstufungen sind in der der Praxis leider nicht realisierbar, deshalb muss in solchen Fällen je nach Empfinden auf- oder abgerundet werden. Die progressive Steigerung des ILB-Testgewichts sollte nicht mehr wie 10 % zum vorherigen Training betragen, besagt das Prinzip der progressiven Belastungssteigerung (Zintl und Eisenhut, 2009, S. 16–27). Nach dieser Darstellung wird in den ersten zwei Woche keine Intensitätssteigerung vorgenommen, um sich an das Training zu gewöhnen und ab der dritten Woche jeweils eine Steigerung von 5 % ILB. Die ausgewählte Trainingsmethode wurde an den Anfang des Makrozyklusplan gestellt, da hier wenig Intensitäten und viele Wiederholungszahlen herrschen. Durch diese Art von Training haben vor allem passive Strukturen die Möglichkeit sich an das Krafttraining anzupassen und das neuromuskuläre System auf höhere Belastungen vorzubereiten. Ebenso findet bei Kraftausdauertraining eine vermehrte Kapillarisierung der Arbeitsmuskulatur statt, was die Regenerationsfähigkeit steigert (Güllich & Krüger, 2013, S. 178-179). Nun werden alle Übungen und deren wichtigsten beanspruchten Muskeln des ersten Mesozyklus erklärt werden (siehe Tab.12).

Tab. 12: Übungserklärungen (Pauls, 2013, S. 22–212)

Übung	Erklärung	wichtigste Muskulatur
45° - Beinpresse	schulterweiter Stand, mit parallel stehenden, flachen Füßen, Gewicht bis mindestens 90° Winkel im Kniegelenk abgesenkt und angehoben, Knie bleiben stabil, Arbeit nur aus den Beinen	M. gluteus maximus, M. quadriceps femoris, M. tensor fasciae latae, M. biceps femoris
Kniebeuge Multipresse	Schulterbreiter Stand, Oberkörper und Rücken bleiben gerade, Knie immer im gleichen Abstand voneinander und stabil, gesamter Fuß flach, die Stange liegt auf dem Schultergürtel, Gewicht absenken und anheben, Gewichtsverteilung auf ganzen Fuß,	M. gluteus maximus, M. quadriceps femoris, M. tensor fasciae latae, M. biceps femoris
Bankdrücken, flach liegend mit Langhantel	Natürliche Rückenposition auf der Flachbank, liegende Langhantel auf Augenhöhe, Füße stehen fest auf dem Boden, Stange aus der Halterung nehmen und auf Brusthöhe das Gewicht anheben und absenken	M. pectoralis major, M. triceps brachii, (M. deltoideus pars clavicularis)
Butterfly am Gerät	Auf das Sitzpolster setzen, Po und Rücken gegen Rückenpolster drücken, Griffstangen umgreifen, im Ellenbogen leicht gebeugte Arme parallel zum Boden auf	M. pectoralis major, (M. deltoideus pars clavicularis)

Übung	Erklärung	wichtigste Muskulatur
	Brusthöhe verlaufend, Fäuste vor dem Körper zusammenführen und wieder öffnen	
Rudern, aufrecht sitzend, am Gerät mit Brustpolster	Auf das Sitzpolster setzen, Oberkörper gegen Brustpolster pressen, Arme ausstrecken und Griffe umklammern. Gewicht auf Unterbrusthöhe soweit wie möglich nach hinten ziehen und wieder nachgeben bis die Arme fast ausgestreckt sind	M. latissimus dorsi, M. deltoideus pars clavicularis, M. trapezius, M. rhomboideus minor et major
Latzug, zur Brust mit breitem Griff	Auf das Sitzpolster setzen, Oberschenkel mit Polster fixieren, sodass der Unterkörper stabilisiert wird, leichte Rücklage im Oberkörper, jedoch natürliche Wirbelsäulenhaltung, Latzugstange greifen und senkrecht nach unten ziehen bis kurz über dem Schlüsselbein, kontrolliertes zurückführen bis fast ausgestreckten Ellenbogen	M. latissmus dorsi, M. trapezius pars ascendens, M. rhomboideus minor
Schulterdrücken, sitzend mit Kurzhanteln	Auf eine 90° Schrägbank setzen, Po und Rücken an die Rückenlehne pressen, natürliche gerade Rückenhaltung, in jeder Hand eine Kurzhantel, Ellenbogengelenk 90° Winkel und Oberarm auf Schulterhöhe, gleichzeitiges nach oben drücken bis fast ausgestreckten Ellenbogen und wieder herablassen	M. deltoideus pars acromialis, M. deltoideus pars spinata, M. deltoideus pars clavicularis
Plank, auf einer Gymnastikmatte	Unterarmstütz, Füße hüftbreit auseinander auf der Zehenspitze aufstellen, Körper bildet eine Linie (ventrale Kette)	M. transversus abdominis, M. obliquus externus u. internus, M. rectus abdominis, M. iliopsoas

4.3 Begründung des übergeordneten Konzepts der Übungsauswahl

Der Trainingsplan umfasst vier maschinengeführte Übungen. Diese wurden gezielt ausgewählt, weil das Verletzungs- und Überlastungsrisiko an maschinengeführten Geräten im Vergleich zu Freihantel- oder Kabelzugübungen wesentlich geringer ist. Da der Trainierende bei Krafttrainingsgeräten durch teilweise oder komplett geführte Bewegungsausführungen gelenkt wird, sind die koordinativen Anforderungen deutlich weniger. Mit hohen Gewichten zu trainieren ist jedoch nicht auszuschließen, da der Körper in der Ausgangsstellung stabil positioniert und fixiert wird. Das Training wird komfortabler und präziser durch fein abgestufte Widerstände, die für eine graduelle Anpassung an den aktuellen Leistungsstand sorgen (Trunz-Carlisi, 2003, S. 16).

5 LITERATURRECHERCHE

In der nachfolgenden Tabelle wurden zwei Studien zum Thema „Krafttraining bei Osteoporose" gegenübergestellt.

Tab. 13: Literaturrecherche (eigene Darstellung)

	1.Studie	2.Studie
Name der Studie	Krafttraining an konventionellen bzw. oszillierenden Geräten und Wirbelsäulengymnastik in der Prävention der Osteoporose bei postmenopausalen Frauen (Siegrist, 2006, S. 182–188).	Umsetzung leistungssportlicher Prinzipien in der Osteoporose Prophylaxe - Zusammenfassende Ergebnisse der Erlanger Fitness und Osteoporose Präventions- Studie (EFOPS) (Kemmler, 2007, S. 427–432).
Autor	Siegrist M, Lammel C, Jeschke D	Kemmler, et al.
Veröffentlichung	Deutsche Zeitschrift für Sportmedizin 57 (2006), Nr. 7/8, S. 182-188	Deutsche Zeitschrift für Sportmedizin 58, Nr.12 (2007), S. 427-432
Versuchspersonen	69 osteopenischen, postmenopausalen Frauen	137 früh-postmenopausalen osteopenischen Frauen
Versuchsaufbau	Zu Beginn erfolgte eine Überprüfung gesundheitsrelevanter Parameter und die Erhebung anthropometrischer Grunddaten. Es wurden Knochenmineralgehalt und Knochendichte mittels DXA-Messung (dual-X-ray-absorptiopmetry) an Oberschenkelhals (OH) und Lendenwirbelsäule (LWS) gemessen, eine dynamische Leistungsfähigkeitsmessung mithilfe eines Fahrradergometers und Kraftmessungen durch Einwiederholungsmaximumtest (1RM) am Beinstrecker durchgeführt. Alle Versuchspersonen besuchten daraufhin 12 Monate lang zweimal die Woche eine Wirbelsäulengymnastik, 26 Frauen führten zusätzlich zweimal die Woche ein konventionelles Krafttraining (KT) mit 60 - 80 % Intensität nach 1RM durch und 23 Damen haben ein Krafttraining mit Vibration (VT) betrieben. Die übrigen 20 Frauen haben nur die Wirbelsäulengymnastik (WS) absolviert.	Am Anfang wurde bei jeder Testperson durch DXA-Messung die Knochendichte an der LWS, dem proximalen Femur und am distalen Unterarm bestimmt. Darauffolgend wurden die Versuchspersonen in eine trainierende Gruppe (86 Personen) und eine nichttrainierende Gruppe (51 Personen) aufgeteilt. Die Nichttrainierenden Frauen fungierten in dieser Studie als Kontrollgruppe, die Trainierenden Damen mussten drei Jahre, 2-3mal die Woche zum Training kommen sowie 1-2mal pro Woche ein sog. „Homewokout" absolvieren. Nach drei Jahren wurde die Trainierenden Gruppe aufgeteilt und es wurde ein Training unter verschiedenen Bewegungsgeschwindigkeiten ausgeführt. Die 1.Gruppe trainierte dynamisch und schnell, die 2.Gruppe dynamisch und langsam.

	1.Studie	2.Studie
Ergebnisse	Bei der dynamischen Leistungsfähigkeit am Fahrradergometer kam es zu einer Steigerung um +8 % (KT) und +6 % (WS). Die Kraftmessungen der Beinstrecker zeigen eine Zunahme von +50 % (KT), +54 % (VT) und +22 % (WS). Betrachtet man nun die Knochenmineralisierung und Knochendichte, wies die LWS keine Veränderungen, jedoch die OH bis zu +1,3 % Vergrößerung der Knochenfläche durch KT auf.	Die Ergebnisse der Trainingsgruppe nach drei Jahren der Knochendichte war im Gegenzug zur Kontrollgruppe an der LWS +0,4 %, vs. -2,8 %, am proximalen Femur -0,5 % vs. -1,9 % und am distalen Unterarm wurde eine hohe Reduktion von ca. -4 % gemessen. Bei der Messung nach fünf Jahren konnte bei der schnell trainierenden Gruppe ein Unterschied von -0,3 % statt -2,4 % der Knochendichte in der LWS festgestellt werden.
Schlussfolgerungen	Im Hinblick auf eine Osteoporose-Prävention kann Wirbelsäulengymnastik einen Kraftzuwachs der Knochenunterstützenden Muskulatur bewirken. Bei Training mit oszillierenden Geräten steht die Kraftzunahme im Vordergrund, wo hingegen bei konventionellem Krafttraining auch die Knochenstrukturen morphologische Anpassungen vollziehen.	Mit den erhobenen Daten kann geschlussfolgert werden, dass die Umsetzung leistungssportlicher Prinzipien durchaus für die Osteoporose-Prophylaxe geeignet sind und ein intensives, leistungssportlich ausgerichtetes Training positive Auswirkungen auf die Knochendichte von osteopenischen Frauen hat.

6 TABELLENVERZEICHNIS

7 Literaturverzeichnis

Eifler, C. (2013). *Empirische Überprüfung der Effekte verschiedener Ansätze zur Intensitätssteuerung im fitnessorientierten Krafttraining*. Saarbrücken.

Eifler, C. (2017). *Intensitätssteuerung im fitnessorientierten Krafttraining. Eine empirische Studie* (Wissenschaftliche Beiträge aus dem Tectum-Verlag, v.74, 1st ed.). Baden-Baden: Tectum Verlag.

Gießing, J., Fröhlich, M. & Preuss, P. (2005). *Current Results of Strength Training Research. An empirical and theoretical Approach* (Current Results of Strength Training Research, v.1, 1st ed.). Göttingen: Cuvillier Verlag.

Guellich, A. & Schmidtbleicher, D. (1999). Struktur der Kraftfähigkeiten und ihrer Trainingsmethoden. *Deutsche Zeitschrift für Sportmedizin, 50*(7/8), 223–234.

Güllich, A. & Krüger, M. (Hrsg.). (2013). *Sport. Das Lehrbuch für das Sportstudium* (Bachelor, 1. Aufl.). Berlin, Heidelberg: Springer Berlin Heidelberg.

Höltke, V. (2003). *Grundlagen und Prinzipien des sportlichen Trainings*: Krankenhaus für Sportverletzte Hellersen / Abteilung für Sportmedizin.

Jüngst, G. (2020). *INTENSIV-COACH ABNEHMEN BEI UEBERGEWICHT. Mit verstehen zum erfolg*. [S.l.]: BOOKS ON DEMAND.

Kemmler, W. (2007). Umsetzung leistungssportlicher Prinzipien der Osteoporose-Prophylaxe : Zusammenfassende Ergebnisse der Erlanger Fitness und Osteoporose Präventions-Studie (EFOPS). *Deutsche Zeitschrift für Sportmedizin, 58*(12), 427–432.

Kempf, H.-D. (Ed.). (2014). *Funktionelles Training mit Hand- und Kleingeräten. Das Praxisbuch*. Berlin: Springer.

Lear, S. A., Hu, W., Rangarajan, S., Gasevic, D., Leong, D., Iqbal, R. et al. (2017). The effect of physical activity on mortality and cardiovascular disease in 130 000 people from 17 high-income, middle-income, and low-income countries: the PURE study. *The Lancet, 390*(10113), 2643–2654.

Mancia, G., Fagard, R., Narkiewicz, K., Redón, J., Zanchetti, A., Böhm, M. et al. (2013). 2013 ESH/ESC Guidelines for the management of arterial hypertension: the Task Force for the management of arterial hypertension of the European Society of Hypertension (ESH) and of the European Society of Cardiology (ESC). *Journal of Hypertension, 31*(7), 1281–1357.

Pauls, J. (2013). *Krafttraining für jeden Tag. Die 365 besten Übungen* (1. Aufl.). München: Copress Sport.

Siegrist, M. (2006). Krafttraining an konventionellen bzw. oszillierenden Geräten und Wirbelsäulengymnastik in der Prävention der Osteoporose bei postmenopausalen Frauen. *Deutsche Zeitschrift für Sportmedizin, 57*(7-8), 182–188.

Strack, A. & Eifler, C. (2005). *The individual lifting performance method (ILP) – a practical method for fitness- and recreational strength training.*

Trunz-Carlisi, E. (2003). *Praxisbuch Muskeltraining. Effektive Übungen für Männer und Frauen* (1. Aufl.). München: Gräfe und Unzer.

World Health Organization. (2000). *Obesity - Preventing and Managing the Global Epidemic. Report on a WHO Consultation.* Geneva: World Health Organization.

Zintl, F. & Eisenhut, A. (2009). *Ausdauertraining. Grundlagen, Methoden, Trainingssteuerung* (BLV Sportwissen, [7., überarb. Aufl., Neuausg.]. München: blv-Buchverl.